AF610737

ÉLOGE FUNÈBRE

DE

M. LE BARON

Mémin-Marie-Joseph DE LAUZON

PRONONCÉ A LA CÉRÉMONIE DE SES OBSÈQUES

Le 9 Décembre 1890

DANS L'ÉGLISE PAROISSIALE

PAR

M. NAUD, Curé de Marigny

NANTES
IMPRIMERIE ÉMILE GRIMAUD
PLACE DU COMMERCE, 4

1891

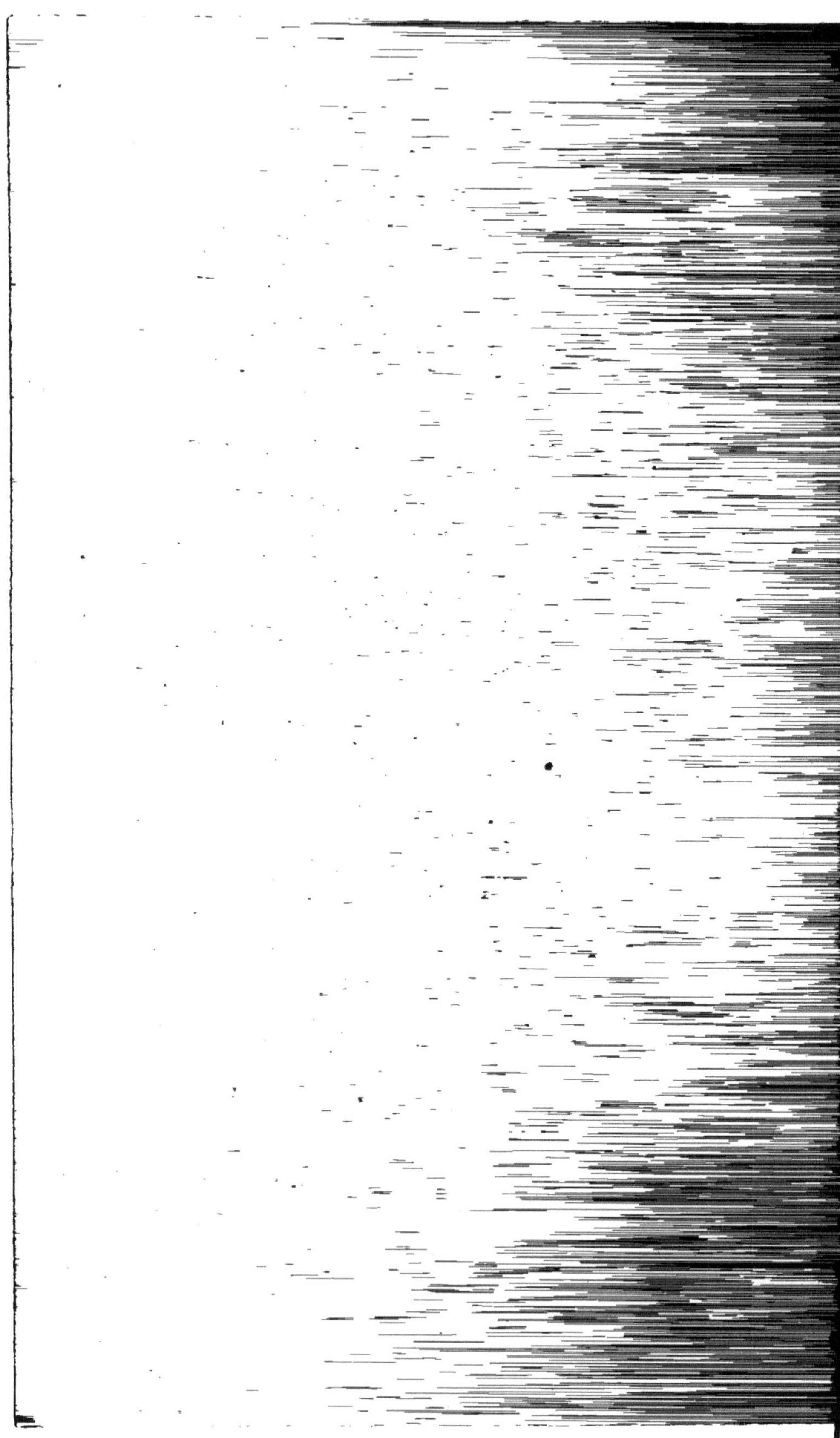

ÉLOGE FUNÈBRE

DE

M. LE BARON

Mémin-Marie-Joseph DE LAUZON

PRONONCÉ A LA CÉRÉMONIE DE SES OBSÈQUES

Le 9 Décembre 1890

DANS L'ÉGLISE PAROISSIALE

PAR

M. NAUD, Curé de Marigny

NANTES
IMPRIMERIE ÉMILE GRIMAUD
PLACE DU COMMERCE, 4

1891

ÉLOGE FUNÈBRE

DE

M. MÉMIN-MARIE-JOSEPH DE LAUZON

In lege Domini voluntas ejus. (Ps. I, V. 2.)

La loi de Dieu a été la règle de sa volonté.

Il m'a semblé, mes Frères, répondre à ce que vous attendiez de la charge de mon ministère en rendant un hommage public de nos communs sentiments à la mémoire du noble défunt dont vous escortez la dépouille mortelle d'un si profond respect et de tant de bénédictions. Je l'avoue aussi : mon cœur, dans cette douloureuse cérémonie, me pousse facilement à obéir à l'injonction de l'Esprit-Saint qui recommande de ne pas laisser inaperçue une existence faite d'honneur et de loyauté : *vir justus laudabitur*. Cette obéissance pourrait-elle être incriminée ?

Le Cardinal Pie rappelait, il y a quelques années, qu'un illustre et saint théologien [1] la regardait au IVe siècle comme moralement obligatoire ; présentement n'en ferait-

1. Saint Grégoire de Nazianze.

il pas un devoir de conscience? car, disait-il, « tandis que la vie de tant de personnages sans principes et sans foi trouve chaque jour de si ardents panégyristes, faut-il abandonner dans le silence et l'oubli ceux qu'une véritable piété distinguait[1] ? »

Sans doute, la discipline ecclésiastique, prévoyant combien il est fatal de méconnaître les droits rigoureux de la justice divine, proscrit justement des canonisations enthousiastes et à bon compte. Ces exagérations, en glaçant la prière sur les lèvres, sont funestes aux vivants dont elles paralysent l'activité nécessaire et préjudiciable aux défunts en arrêtant leur soulagement. Mais il n'a jamais été dans l'esprit de l'Église d'interdire la recherche d'une leçon dans l'exposé des faits qui ont illustré une vie chrétienne.

Nous laisserons les œuvres de cette âme la louer là où il faut. *Laudent eam in portis opera ejus*[2] *!* » Leur récit nous montrera le travail d'une volonté guidée par la lumière de la religion. *In lege Domini voluntas ejus.* La grâce plus que la nature a été le facteur premier de ce résultat d'une vie sérieusement comprise. Son concours mérité l'a revêtue de cette justice vraie, absente des âmes inquiètes et ambitieuses, mais compagne amoureuse de celles qui savent comprendre que l'inaltérable grandeur n'est qu'en Dieu, selon Dieu et pour Dieu. Monsieur Mémin, Marie-Joseph, baron de Lauzon, a suivi les sentiers de cette justice sans se laisser jamais détourner de cette voie des saints : *Servans semitas justitiæ et vias sanctorum custodiens.*

1. Grég. Naz., orat. XXI.
2. Prov. XXXI, ℣. 13.

I

On a raison de le dire : toutes les existences humaines peuvent se rapporter à une pensée unique qui est comme la boussole dirigeante de leur vie. Vous ne me reprendrez pas, mes frères, si j'affirme que la pensée reine et maîtresse des actions de M. de Lauzon a été une pensée de Foi chrétienne. Il respirait la Foi, il en a vécu : *Justus ex fide vivit* [1]. Elle aide si bien le bon sens et la justesse de l'esprit dans le discernement du vrai et du faux qu'on peut la considérer comme un phare lumineux qui épargne bien des écueils à toute vie chrétienne. C'est cette direction qui a donné à ce défunt d'aboutir à cette glorieuse renommée de bienfaisance : conséquence d'une solide vertu dont l'admiration vole de bouche en bouche.

De bonne heure on la vit éclore en son âme sous le souffle des ferventes prières de son père, surnommé par vous : le Père des pauvres [2]. Un de mes plus lointains souvenirs d'enfance me retrace la figure si franche de ce vénérable vieillard. Il avait subi « l'impiété de l'exil », pendant que le brigandage révolutionnaire le dépouillait de sa fortune ; mais son cœur était resté grand. Je me rappelle l'heureuse impression produite par la bénédiction solennelle murmurée par ses lèvres défaillantes sur sa

1. Hébr. X. 30.

2. M. Joachim-Augustin de Lauzon. Il émigra pendant les jours de la Terreur. Réfugié en Allemagne, il dut demander sa vie à l'art de la bijouterie. La confiscation nationale le déposséda de son héritage. Rentré en France sous le premier Empire, il épousa Mademoiselle Marie-Louise-Henriette du Bouex de Villemort, dont il eut trois enfants. Il mourut le 4 février 1858.

famille et sa domesticité réunies autour de son lit de mort.

Chez un tel père, la douce et sainte religion du foyer, avec son franc parler et sa généreuse expansion, dirigea les sentiments naissants des enfants. D'ailleurs, la transmission héréditaire de ce riche et glorieux patrimoine demeure la sauvegarde de la loyauté et de l'honneur de cette lignée des de Lauzon. C'est une dot amassée depuis bien des siècles, et on est jaloux de la léguer intacte.

A la sortie du foyer paternel, M. Mémin alla commencer ses études dans le collège de la Grand'Maison de Poitiers. Elles ne furent pas sans succès. Il les couronna au célèbre collège de Pontlevoye. Dans ces deux établissements, mon prédécesseur [1], son condisciple dans le premier, m'a dit ses préférences particulières pour l'étude des principes religieux [2]. Le surnaturel commençait d'envahir cette âme qu'il devait si vivement pénétrer.

L'Apôtre nous enseigne que l'Esprit-Saint partage ses dons à chacun comme il lui plaît [3]. M. Mémin reçut le don bien caractéristique de demeurer un modèle d'orthodoxie. Il eut toujours, même sur les bancs de l'école, l'instinct de la doctrine. Ne lui a-t-on pas entendu dire que parmi ses professeurs, épaves juxtaposées de la Révolution, il avait su craindre l'erreur futile de quelques vieux Jansénistes ? Le flair de la vérité était comme inné en lui.

Si la foi trouvait une prise de possession facile dans sa jeune intelligence, la conquête de sa volonté n'offrait pas la même aisance à l'aimable cortège des vertus qu'elle produit. Nous avons admiré la noble simplicité, la bonté gé-

1. M. Edmond Moutier.

2. Il remporta le prix d'instruction religieuse sur M. Narcisse Moutier, mort curé de Juscorps et remarquable par les succès de sa jeunesse.

3. I Ad Corinth. XII. 11.

néreuse, la douceur patiente, la magnanimité si humble de M. de Lauzon ; mais ces vertus furent loin d'être sans mérites. Depuis ses jours de collège jusqu'à la fin de sa vie on le trouvera luttant opiniâtrément contre les tendances vivaces de sa nature énergique pour les plier sous le joug de celui qui a dit : Mon joug est suave et mon fardeau léger. *Jugum enim meum suave est et onus meum leve* [1].

Ces luttes incessantes et acharnées exagérèrent même l'élan de cette réaction jusqu'à rendre sa prudence timide, sa vivacité défiante et semée d'hésitations.

M. Mémin rentra chez lui à une époque de bouleversement social. Les troubles de 1830 eurent la déplorable conséquence d'inutiliser le bon vouloir des gentilshommes. On les découragea en écartant leur dévouement des charges publiques. Cet isolement vexatoire engendra peut-être un désintéressement boudeur qui les attacha à leurs affaires privées. Cette disposition générale associa M. Mémin et ses deux frères [2] à l'administration paternelle. Le règlement rigide de la maison assouplit sa volonté, mais il lui laissait des loisirs. Sa jeune activité se dépensa alors dans cette noble passion de la chasse dont l'essor bien réglé ne laisse point de remords. Toutefois, l'âpre ardeur de son tempérament allait l'entraîner trop loin ; il redouta de faciles excès ; et le périlleux élan de ce plaisir préféré fut entièrement sacrifié à de plus profitables occupations.

A 37 ans, il pouvait dire comme Tobie : « Après avoir conservé avec un soin jaloux dans l'honnêteté et la sain-

1. Math. XI. 29.

2. Messieurs Ernest et Césaire. M. Ernest, l'aîné, resta célibataire : il est mort le 10 juin 1884. M. Césaire, le plus jeune, épousa mademoiselle de Vanssay.

tété de la vie un corps et un cœur honnêtes, Seigneur! vous savez que si je prends une épouse... ce n'est que par amour des enfants qui doivent bénir votre nom dans les siècles des siècles[1]. » Le charme de sa dignité attira vers son blason poitevin le blason vendéen des de Suyrot.

Pour donner à son alliance le gage le plus durable d'un amour réel, Jésus fut appelé à ses noces : *vocatus est Jesus ad nuptias*[2]. Une union consacrée sous de tels auspices assure la douceur de l'existence conjugale. Afin de mieux mériter les faveurs d'un tel hôte, il lui construisit à ses frais la petite église de Villiers en-Bois. Ses préoccupations d'alors, bien rares à son âge et en cette occurrence, retardèrent son mariage de plus d'un an ; mais elles faisaient bien présager d'une union qui rappelle celle de Zacharie et d'Elisabeth : *erant autem justi ambo ante Deum incedentes in omnibus mandatis et justificationibus Domini sine querelâ*[3].

Devenu chef de famille et à la tête d'une fortune bien réduite par le vol officiel de 1793, il s'appliqua à faire fructifier son patrimoine que rendait plus modeste la nécessité de bâtir. Ses huit enfants[4] lui dictèrent l'obligation de la plus stricte économie. En un mot, le devoir du sacrifice se présenta à lui. Il l'accepta avec une résignation rendue heureuse par le bel encouragement qui n'a cessé de le seconder. Le prophète lui avait appris à répudier le plaisir comme une erreur : *risum reputavi errorem* ; aussi, il se relégua dans sa terre de Péré, sauvée

1. Tob. II. 13 et seq.
2. Joan II. 2.
3. Luc. I. 6.
4. M. François. — M. James, — M. Etienne. — Mlle Marie-Thérèse, — Mlle Soline. — Mlle Antoinette. — Mlle Elisabeth, — M. Joseph, mort enfant.

du brigandage par sa grand'mère paternelle. Sa solitude lui a donné plus de vraie joie que n'en procurent l'éclat et le tumulte du monde. La religion et sa famille, ces deux grandes bases de la société chrétienne, y absorbèrent délicieusement toutes ses pensées et tous ses sentiments. Sa piété imperturbable, sans affectation et sans raideur, n'en bannissait pourtant pas les charmes d'une gaieté toujours franche et toujours digne.

On doit bien le signaler : le luxe de la région servait à mettre en relief l'humilité si belle du châtelain de Péré ; et le dédain de celui-ci pour toute vaine ostentation facilitait l'écoulement des insignifiantes critiques de la fashion de l'époque. Seulement, il faut en convenir aussi : la Providence, qui ne change point, a depuis magnifiquement relevé le château de Péré, pendant qu'elle a dispersé, en les humiliant, ceux qui mettaient leur valeur à l'éclabousser superbement. Que sont devenues les luxueuses exploitations qui ne redoutaient pas la profanation du dimanche ? *Dispersit superbos mente cordis sui et exaltavit humiles*[1]. « C'est, me répondent encore les Livres saints, « que celui qui met toute son affection dans la loi du Sei- « gneur que jour et nuit il médite, est comme l'arbre « planté proche le courant des eaux, qui donne son fruit « en son temps. Tout ce qu'il a fait a un heureux succès... « *Et omnia quæcumque faciet prosperabuntur*. Il n'en est « pas ainsi des autres ; ils sont comme la poussière que le « vent disperse de dessus la face de la terre : car il n'y a « ni consistance ni solidité en dehors de la bénédiction « divine. Les débris de leur élévation ne vont pas jusqu'à « leur postérité, parce que, pour ne pas être fugitif, le

1. Luc. I. 51.

« succès doit reposer sur l'assistance de Dieu [1]. » Autrement la Providence permet la naissance de causes explicatives de ces revirements ; elles n'étonnent pas les gens qui ont une foi sincère. M. de Lauzon, lui, mesurait tout à la volonté de Dieu. Comprenant que la meilleure assise de la prospérité est le secours de la Providence, il continue d'établir le règlement de sa maison sur des bases essentiellement religieuses. Dans une contrée aussi déshéritée que la nôtre au point de vue de la piété, il eut l'audace d'encadrer ses jours dans une règle de vie monastique. On peut l'appeler ainsi sans crainte de contradiction. Puis, comptant sur l'appoint de Dieu, il chercha et trouva dans une généreuse bienfaisance le principe même du relèvement de sa fortune.

La vigilance matinale, tant vantée dans nos Livres Saints, constitua le premier article de sa vie champêtre. Avant l'aurore, il descendait invariablement de sa chambre [2]. Il descendait, dis-je, à sa chapelle faire sa prière et, vous l'entendez bien ! sa méditation. Pendant plus de quarante ans le lever du soleil a-t-il surpris cette façon d'agir ? Vous, cultivateurs, ne le trouviez-vous pas vous précédant à vos travaux ? Malgré la distance, nos matinales processions des Rogations étaient toujours édifiées de le trouver le premier arrivé [3].

Après ce précoce exercice de piété, on était accoutumé à le voir diriger les travaux de sa nombreuse domesticité.

1. Ps. 1.

2. On devrait dire sa cellule : saint Bruno ne l'eût pas autrement qualifiée. On pourrait trouver un peu forcée cette dénomination d'une chambre d'un grand château. La vérité oblige à en reconnaître la justesse. M. de Lauzon avait établi sa demeure dans une petite chambre attenant à celle de Madame, mais située dans la maison contiguë à l'ancien château. — La modestie du mobilier était à l'avenant de l'appartement.

3 Il y venait à pied.

Au retour de cette surveillance, il lisait un chapitre des Livres sacrés et ordinairement la vie du Saint du jour. Les occupations de son faire-valoir, dont il conserva la gestion directe, se joignaient à l'étude du mouvement social et religieux. Sans être un homme de lettres, il tenait à avoir l'esprit au courant de tout et il conservait son cœur toujours en haut. Une longue visite au Saint-Sacrement entrecoupait régulièrement ses travaux. Le soir, quand la cloche de sa belle chapelle avait réuni sa maison au pied de l'autel, le chapelet récité par Madame et la prière pieusement dite par lui couronnaient une journée saintement remplie. L'inflexibilité de cette règle patriarcale a été la source de sa prospérité et sa force pour diriger sa famille.

Les jeûnes de l'Église avaient seuls la puissance de modifier ses heures en ajoutant leur rigueur à la frugalité de sa table. Avec quelle dévotion scrupuleuse il observait ces prescriptions! Certes, il n'était pas de ces ergoteurs « qui n'ont ni d'élévation dans les pensées, ni de rectitude dans la volonté, ni de fermeté dans le jugement et qui le montrent si bien en osant mettre leur prudence et leur raisonnement à la place de la sagesse et de l'autorité de l'Église quand ils marchandent avec ses préceptes » [1]. Il voulait la plénitude de la loi comme de la doctrine. Il ne pouvait supporter ni la diminution, ni la déviation de ses désirs; combien de fois ne l'avons-nous pas vu trouver une véritable éloquence pour formuler une protestation indignée contre les pusillanimes qui voudraient « des maximes adoucies et des prescriptions moins effarouchantes pour nos idées abaissées et plus en rapport avec nos forces amoindries. Presque octogénaire, M. Mémin de Lauzon n'acceptait

1. Cardinal Pie.

aucun correctif et il ajoutait à la rigueur de la loi ; c'était la préservation de sa mince complexion.

D'ailleurs, ses lèvres et son cœur s'attachaient aux plus pures leçons de l'Evangile. L'organisation de sa maison les traduisait. On ne doit pas s'étonner, dès lors, d'entendre le Cardinal Pie, qui connaissait cette direction, citer le château de Péré comme « la maison la plus ponctuellement chrétienne de son diocèse. » Le terrain anecdotique nous fournirait une ample collection de détails justifiant pleinement à vos yeux la haute appréciation de l'illustre évêque de Poitiers.

II

Si M. Mémin de Lauzon était attentif à ne point déchoir de son rang, il l'était encore bien plus à ne pas déroger de la pire façon. Comprenant que la vraie grandeur consiste à donner au prix du sacrifice, il exerça la bienfaisance dans des limites connues de Dieu seul ; il aimait à dérober à sa main gauche la connaissance de ce que sa droite distribuait. Son sens théologique lui révéla les notions exactes de la propriété, notions tant défigurées de nos jours ; il savait que le droit de propriété n'est pas absolu ici-bas : le riche ne doit être que l'aumônier du bon Dieu.

Il le comprenait ainsi et, dites-moi, est-il une infortune locale qu'il n'ait tenté de soulager ? Les orphelins élevés à ses frais ; les pauvres consolés et soutenus ; les veuves secourues, ne sont-ils pas ici pour attester ses largesses ? Le pain, le bois, le linge, les remèdes, l'argent, les voyages, les secours de tous genres n'ont-ils pas été à leur disposition? Si nombreux qu'aient été les solliciteurs, ont-ils éprouvé un refus? Ont-ils surpris sur son visage un dédain, sur ses lèvres une parole dure? C'est à se demander si Dieu ne renouvelait pas en leur faveur la multiplication des pains! Et jamais l'aumône matérielle n'était faite sans l'accompagnement d'une bonne parole franchement chrétienne qui allait réconforter l'âme.

Toutefois, son inépuisable charité ne demeurait pas cantonnée dans l'horizon local. Sa bourse était directement ouverte à toutes les grandes œuvres. S'il était permis d'interroger ses directeurs de conscience, que de surprises éveilleraient leurs révélations!

Il y a quelques années, rencontrant dans le voisinage les admirables quêteuses de l'Asile des vieillards de Niort, j'eus la naïveté de leur signaler le châtelain de Péré. « Il sait bien nous épargner le peine d'y aller », me répondirent-elles.

Les domestiques et les ouvriers de sa maison étaient également la constante préoccupation de sa sollicitude. S'il eut un luxe, il a consisté à étendre le plus possible son personnel, dont il eût désiré circonscrire dans le pays le délicat recrutement. Tous ceux qui furent attachés à son service demeuraient dans sa mémoire fidèle; il compatissait à leurs souffrances, se réjouissait de leurs succès, s'intéressait à leurs familles. Même après le départ de ceux que des intérêts transportaient ailleurs, il ne les oubliait pas et jamais le bon Dieu n'en a rappelé à Lui sans que discrètement il ait fait dire des messes pour le repos de leurs âmes.

Mais il avait appris du divin Maître qu'il y aurait toujours des pauvres parmi nous. Il ne bornait pas à eux ses prodigieuses économies. Est-il une œuvre diocésaine qui n'ait reçu sa précieuse offrande ? Le compte rendu de nos quêtes ne dévoile-t-il pas lui-même sa générosité dans des chiffres dont Marigny bénéficie de l'honorabilité ? Cette générosité n'est-elle pas encore inscrite dans les fastes des églises de Villers-en-Bois, Thorigné, Marigny, où rien de ce qui a été fait n'a été fait sans lui ? Je ne me dissimule point que le honteux lattis qui nous couvre semble protester contre ce que j'avance ; mais l'histoire doit dire ses tentatives et ses offres à ce sujet. Elles furent dignes des vieux échevins de Poitiers [1]. On sait que la magistrature communale semble être pour cette famille comme un apanage que le temps continue de consacrer. Il exerça cette fonction dans des conditions particulièrement difficiles, au temps de l'opulence de notre contrée. Deux fois ses efforts et ses engagements furent repoussés. Il faut bien l'avouer : dans les paroisses comme dans les nations, le bon sens subit quelquefois des éclipses. Les édiles qu'on lui donna à présider furent, en général, ses adversaires Leur passage aux affaires constitue une faute dont on subira longtemps la conséquence. Ç'a été le regret de la vie de M. Mémin de Lauzon, de n'avoir qu'ébauché cette restauration, qu'il ne pouvait ni ne voulait accomplir seul : mais une clef de voûte eût été bien venue à perpétuer ses initiales avec les armes de sa race.

Toutefois, sa sollicitude toujours en éveil se portait sur tous les besoins. Les ruines du début de ce siècle n'avaient permis qu'une organisation bien défectueuse pour la culture intellectuelle du peuple. A Marigny, il n'y eut longtemps qu'une école mixte, et l'esprit autant que le cœur

1. La mairie de Poitiers fut plusieurs fois occupée, au XVIe siècle, par des membres de cette famille.

souffrait de cette monstruosité, inévitable quelquefois. Dans ces derniers temps, on a malencontreusement prodigué un remède nécessaire, aux dépens des dupes qu'on a faites. L'administration ne s'est pas ruinée à voter des couronnes civiques pour remercier les générosités personnelles. Je crois mieux au dévouement de celui qui, constatant la nécessité de l'instruction et voyant la détresse publique, donne l'exemple en se sacrifiant pour le soulagement de tous. C'est ce que fit M. de Lauzon en 1854. Il appela ici des institutrices capables de cultiver le cœur et l'esprit et de soigner le corps en même temps. Le couvent de Marigny est resté une source de services où chacun a pu et peut encore puiser. Il a continué la même assistance aux institutions fondées par son frère, M. Ernest de Lauzon, à Secondigné et au Tallud.

L'éducation était d'ailleurs pour lui un sujet que sa délicatesse lui permettait d'apprécier. N'étant point égoïste, il voulait en étendre les bienfaits autant qu'il pouvait. En effet, l'instruction bien dirigée est assurément la meilleure amie de l'homme comme elle est sa pire ennemie quand elle est viciée. Que de désastres ont été accumulés autour de nous par cette instruction dépourvue d'éducation ! M. de Lauzon en gémissait comme tout le monde et en prenait occasion de remercier le bon Dieu de lui avoir accordé la liberté de faire élever ses enfants selon son sévère désir [1].

Toutes les grandes infortunes ou tous les malheurs éveillèrent l'active vigilance de son âme. Pour les soulager, il ne recula devant aucun sacrifice. Il y a plus de

1. L'instruction de ses fils, commencée par des prêtres résidant au château, fut achevée au collége Saint-Joseph de Poitiers.

vingt ans, le Chef de la catholicité, mal abrité par l'apparence mensongère de nos armes, voyait la Révolution le dépouiller iniquement de ses Etats, au nom du principe des nationalités, principe désastreux qui devait faire notre grand malheur. Ce vol officiel pouvait-il ne pas soulever une protestation énergique chez les âmes sincèrement honnêtes. On vit alors surgir cette légion dont la bravoure légendaire a jeté son dernier éclat dans la sanglante, mais si glorieuse bataille de Loigny. L'esprit religieux de M. de Lauzon lui montrait la nécessité du diadème pour assurer l'indépendance de la tiare, et un des fils de Péré commençait alors d'avoir le bras assez viril pour tenir une épée : Va, lui dit son père, dans les rangs de ces nouveaux Machabées et, s'il le faut, donne ton sang, le mien, pour le service de la justice, de la religion et de la patrie [1].

Et quand notre malheureuse France agonisait sous l'étreinte insolente et cruelle du Prussien, alors que des gouvernants sans mission et retranchés dans de lucratifs emplois, poussaient vers l'ennemi des masses frémissantes mais dociles en leur criant de loin de ne pas « céder un pouce de territoire », le noble défunt ne vit que notre malheureuse patrie en danger. Son drapeau déchiré, quelque main qui le tînt, absorbait toujours les sentiments de son cœur. Ses malheurs faisaient bouillonner dans ses veines le vieux sang des de Lauzon, mais son bras était devenu trop débile. Il regarda son second fils [2]. Il le trouva digne de lui. Aussi, librement, sur l'avis paternel,

1. M. François de Lauzon, officier de l'armée pontificale, revint avec ses frères d'armes en France, où il tint campagne.

2. M. James, qui s'engagea aux volontaires de l'Ouest, pour la durée de la guerre franco-allemande.

il alla rejoindre son aîné dans la vaillante légion. Son départ dédommagea un peu le cœur de son père brisé par le patriotique regret de son impuissance.

Depuis, que n'a-t-il pas fait ? Jérémie a-t-il mieux senti les douleurs engendrées par les ruines de sa patrie ? Le divin Maître ne lui avait-il pas appris à aimer son pays, surtout dans ses malheurs ? Comme il suivait avec terreur ce qu'on faisait pour lui ! Nos incorrigibles écarts avaient tous un écho dans son âme endolorie. L'insuccès de tous les essais saugrenus de reconstitution sociale ne le surprenait jamais. « C'est toujours le sable des systèmes, disait-il ; on ne veut pas y mettre la principale assise qui est Dieu. *Petra autem erat Christus* [1]. Pourtant, continuait-il : *Nisi Dominus ædificaverit domum, in vanum laboraverunt qui ædificant eam* [2]. Si le bon Dieu n'y met la main, on n'aboutira qu'à de cruelles déceptions. Son raisonnement était ainsi appuyé sur la sagesse divine.

Eh bien ! mes Frères, quand j'ai vu cette magnanimité dépensée constamment en détails de chaque jour, cette abnégation égarée dans un siècle où la loi de la jouissance est tant proclamée, il m'a semblé que vous pouviez venir me répéter ce que disaient jadis à Notre-Seigneur les anciens de la Galilée pour le centenier : Il est digne que vous fassiez pour lui une exception et que vous lui accordiez cet honneur. *Dignus est ut hoc illi præstes.* Car, il a aimé notre pays. *Diligit enim gentem nostram.* Il n'a point brillé sans doute sur les champs de bataille ni dans l'exercice des grandes charges publiques ; mais sa bienfaisance ne lui a pas fourni une distinction moins éclatante. Les pro-

1. I Ad. Corinth. III. II.
2. Ps. CXXVI. ℣ 1.

portions de sa générosité justifient un pareil office. *Diligit enim gentem nostram et synagogam ædificavit* [1]. Il a bâti des églises, reconstruit sa chapelle : rêve de sa vie, fruit de ses économies, école de son héroïque dévouement. C'est en orientant sans cesse son affection vers le divin Captif de son tabernacle qu'il a trouvé le secret de cette vaillance. Oh ! que d'heures passées dans d'amoureux épanchements ! Son âme trouvait là un entier réconfort dans ses craintes, ses peines et ses fatigues. Il aimait à compenser par ses adorations prolongées les longs oublis de notre peu chrétienne population. Il épanchait dans le cœur bienveillant de son adorable Maître son cœur traversé par des alternatives de joie et de souffrances : car, Dieu l'a honoré de l'amitié de ses épreuves.

Pour n'en citer qu'une, après la perte de trois de ses enfants, il y a trois ans, le bon Dieu rappelait à lui un de ses anges [2] qu'il n'avait détaché de son ciel que pour le confier un instant à cette famille et qu'il aurait voulu conserver au prix du sacrifice de sa vie. Dieu en décida autrement. La douleur de ce vieillard de près de 80 ans fut extrême pour la perte de ce petit-fils, le seul du nom. Pourtant, quelle ferveur et quelle résignation dans la communion du matin de ses obsèques ! C'est toujours dans ce cœur à cœur divin que tous ses intérêts étaient traités.

Mes vénérés Confrères, vous qui l'avez apprécié, me pardonnerez-vous si je répète publiquement, mais pour mon compte, le cri formulé dans l'office de saint Hilaire et qui traduisait une jalousie sacerdotale égale à la mienne : *O perfectissimum laïcum cujus imitatores esse desiderant*

1. Luc. VII, 4, 5 et seq.
2. M. Jean de Lauzon, fils de M. Etienne, mort le 17 mars 1887, à l'âge de 17 mois.

ipsi sacerdotes! Combien de fois son exemple n'a-t-il pas relevé mon courage abattu? Quand l'insuccès vient désoler l'énergie de nos efforts, il fait bon de contempler ainsi la persévérante vertu imposant finalement son triomphe à l'incrédulité obstinée et à l'adversité la plus déterminée. Ce triomphe est réel; cette assistance le proclame: c'est qu'il n'y a que de bien tristes préventions qui ne tombent pas terrassées par de si belles vertus.

Il faut l'avouer: un grand vide s'est fait parmi nous. M. Mémin de Lauzon, ce vieux patriarche, ce demeurant d'un âge meilleur que le nôtre, ne sera plus là pour recevoir l'affection respectueuse de sa famille et l'estime de tout le monde. Il manquera à l'amitié de son curé dont il savait si bien honorer le caractère sacerdotal; il manquera à ses connaissances, à tous ses amis. Ses fermiers ne trouveront plus ce maître qui pouvait être complaisant et les éclairait de son expérience. Il manquera à ses domestiques, qui l'abordaient avec tant de confiance, assurés qu'ils étaient de ne point être abandonnés dans la pauvreté. Cette église où il vous édifia continuellement, aussi bien aux vêpres qu'à la messe, et dont il présidait avec tant d'entrain religieux, le Conseil de fabrique le trouvera absent. Oui, c'est un grand vide que le départ de cet homme de bien, mort dans la paix du Seigneur. Heureux ceux qui meurent ainsi: *Beati mortui qui in Domino moriuntur*[1]!

Il a été l'homme du sacrifice, le vaillant champion du devoir. Son humble abnégation contraste singulièrement avec les idées de notre siècle égoïste. De tels exemples semblent fourvoyés à notre époque, mais ils délassent bien

1. Apocal. XIV. 13.

des turpitudes modernes. Aussi, quand on a de tels morts, on ne pleure pas. On espère bien que leur prière a été exaucée et que Dieu s'est souvenu de leurs aumônes. *Exaudita est oratio tua et eleemosynæ commemorati sunt in conspectu Dei*[1].

Toutefois, que notre admiration ne nous fasse pas oublier notre devoir de la prière ! Il faut être si pur pour pénétrer d'emblée dans le paradis ! Rappelons-nous que saint Augustin avait coutume de recommander aux prières de tous ceux qui l'approchaient l'âme de sa mère, vingt ans encore après sa mort ; et cette mère était sainte Monique ! Prions donc, et si la mémoire de M. Mémin de Lauzon vit dans notre admiration, qu'elle vive aussi et surtout dans notre prière reconnaissante !

1. Act. X. 30.

Nantes. — Imp. Emile Grimaud.

34

www.ingramcontent.com/pod-product-compliance
Ingram Content Group UK Ltd.
Pitfield, Milton Keynes, MK11 3LW, UK
UKHW020411250726
13967UKWH00006B/2577